LA GRÂCE SANCTIFIANTE

UNE ÉTUDE DE 4 SEMAINES

DAN BOONE

Copyright © 2023
The Foundry Publishing®
Lenexa (Kansas) USA

978-1-56344-982-6

Ce livre a été initialement publié sous le titre
Sanctifying Grace
par Dan Boone
Cette édition est publiée avec l'accord
de The Foundry Publishing
et Global Nazarene Publications.

TOUS DROITS RÉSERVÉS

Aucune partie de cette publication ne peut être reproduite, stockée dans un système d'archivage ou transmise sous quelque forme ou par quelque moyen que ce soit (électronique, photocopie, enregistrement, etc.) sans l'autorisation écrite préalable de l'éditeur. La seule exception concerne les brèves citations dans les revues imprimées.

Conception de la couverture : Rob Monacelli
Conception d'intérieur : Sharon Page

Sauf mention contraire, toutes les citations bibliques sont tirées de La Bible du Semeur (BDS). La Bible du Semeur™ Copyright © 1992, 1999, 2015, Biblica, Inc. Utilisé avec permission. Tous droits internationaux réservés.

Les passages marqués (MSG) sont tirés de The Message (MSG). Copyright © 1993, 2002, 2018 par Eugene H. Peterson. Utilisé avec la permission de NavPress. Tous droits réservés. Représenté par Tyndale House Publishers, Inc.

Les adresses Internet, électroniques et les numéros de téléphone figurant dans cet ouvrage sont exacts au moment de la publication. Ils sont fournis à titre de ressource. The Foundry Publishing ne les approuve pas et ne se porte pas garant de leur contenu ou de leur permanence.

SEMAINE 1

LE NOM SANCTIFIÉ

De nos jours, créer et protéger une marque est tout un grand secteur d'activité. Les entreprises font appel à des cabinets d'avocats pour protéger leur nom. Elles recherchent soigneusement des célébrités susceptibles de représenter leur marque. Si ces panneaux publicitaires en chaire tentent de ternir le nom de la marque, celle-ci résilie le contrat sans délai. L'utilisation d'une marque est une question hautement juridique. Il est grave d'abuser, de déformer ou de profaner un nom.

Le Notre Père s'ouvre par cette phrase : « Notre Père, toi qui es dans les cieux, que tu sois reconnu pour Dieu. » (Matthieu 6.9). Ce début ne devrait pas surprendre. Après tout, nous sommes le peuple des Dix Commandements. Même les enfants reçoivent l'enseignement suivant : « Tu n'utiliseras pas le nom de l'Éternel ton Dieu pour tromper, car l'Éternel ne laisse pas impuni celui qui utilise son nom pour tromper » (Exode 20.7). C'est une affaire sérieuse. Le nom de Dieu doit être sanctifié par le peuple de Dieu.

Lorsque Moïse a prononcé le nom de Dieu, des choses se sont produites : de l'eau devenue du sang, des grenouilles, des moucherons, des mouches, des furoncles, le tonnerre, de la grêle, des sauterelles, des ténèbres, la mort, des mers qui s'ouvraient, de l'eau qui sortait des rochers et des pains qui tombaient du ciel. Les gens ont été libérés par le nom de ce Dieu saint. Moïse a prononcé ce nom, et Dieu a fait des choses. Le nom de Dieu a un pouvoir énorme. C'est le genre de pouvoir sur lequel nous, humains fragiles, aimerions mettre la main et l'utiliser à nos propres fins, et c'est probablement la raison pour laquelle le troisième commandement nous est donné : *de ne pas*

N'utilisez pas le nom de Dieu pour ce que Dieu ne fait pas.

utiliser le nom de l'Éternel pour tromper. Ne pas utiliser le nom de Dieu pour ce que Dieu ne fait pas.

J'ai longtemps cru que ne pas prononcer le nom du Seigneur en vain signifiait ne pas jurer. Ne jurez pas en utilisant le nom de Dieu de quelque façon que ce soit, ou le nom d'un membre de la Trinité. Parler de manière irrévérencieuse de cette façon est certainement une façon d'abuser du nom de Dieu, mais je ne pense pas que ce soit exactement ce que Dieu avait à l'esprit lorsque le commandement a été donné. On profane le nom de Dieu (ou utilise son nom en vain) lorsque nos actions en tant que porteurs du nom de Dieu ne reflètent pas le véritable caractère de Dieu. On profane le nom de Dieu lorsqu'on imite la signature de Dieu comme s'il approuvait nos propres opinions ou exigences. Un fidèle m'a dit un jour *qu'il* avait de Dieu que je devais lui donner cent dollars. Eh bien, Dieu n'a pas pris la peine de me le dire ! Une employée m'a annoncé un jour que Dieu lui avait révélé que je devais l'engager pour effectuer une tâche spécifique à un prix spécifique. Et on connaît tous au moins un étudiant d'Université chrétien qui a annoncé à sa compagne que Dieu lui avait dit qu'elle serait sa femme.

C'est user de façon abusive du nom de Dieu que de dire que le 11 septembre était le jugement de Dieu sur les États-Unis, que le tsunami au Bangladesh était le jugement de Dieu sur les musulmans ou que le tremblement de terre en Haïti était le jugement de Dieu sur les sorciers. Les gens rédigent de nombreux « chèques d'opinion » et les signent en falsifiant le nom de Dieu. Cette action profane le nom de Dieu. Et que dire de tout l'attirail consumériste que nous vendons et qui porte le nom de Dieu ? Dieu est-il vraiment présent dans toutes les marchandises que nous produisons ?

Certains hommes ont détourné les Écritures pour traiter leurs femmes comme des êtres humains subordonnés, tout en qualifiant leurs actions de christiques et de pieuses. De très nombreuses guerres dans lesquelles Dieu n'est en rien impliqué ont été menées au nom de Dieu. Des politiques civiques préjudiciables et des préjugés ont persisté pendant des siècles, leur raison d'être étant qu'elles sont « la volonté de Dieu ». Des abus sexuels ont été commis au nom de Dieu. Des scandales ont éclaté dans des ministères qui prétendaient faire le travail de Dieu. J'ai vu des prédicateurs escroquer des retraités de leurs maigres finances en échange de soi-disant guérisons ou miracles (qui peuvent ou non se produire) — et qualifier cela de piété. Des gens ont triché au nom de Dieu. Nous, les humains, nous emparons de ce nom puissant et l'utilisons à nos propres fins sans nous soucier du véritable caractère et de la mission de Dieu. Si nous faisions cela avec une marque bien connue, nous serions poursuivis en justice pour tout ce que nous valons.

Apparemment, l'emploi abusif du nom de Dieu préoccupait également Jésus. Vers la fin du Sermon sur la montagne, nous entendons Jésus dire : « il ne suffit pas de me dire : « Seigneur ! Seigneur ! », il faut accomplir la volonté de mon Père céleste. Au jour du jugement, nombreux sont ceux qui me diront : « Seigneur ! Seigneur ! Nous avons prophétisé en ton nom, nous avons chassé des démons en ton nom, nous avons fait beaucoup de miracles en ton nom. » Je leur déclarerai alors : « Je ne vous ai jamais connus ! Allez-vous-en, vous qui pratiquez le mal » (Matthieu 7.21-23). Le nom de Dieu ne doit pas

À moins d'être sûrs que nous accomplissons réellement l'œuvre sanctifiée de Dieu, nous n'apposons pas le nom de Dieu sur nos agendas.

être utilisé à tort et à travers ou pris à la légère. Nous n'attribuons pas ce nom avec désinvolture à nos idées, nos produits ou nos paroles. À moins d'être sûrs d'accomplir l'œuvre sanctifiée de Dieu, nous n'apposons pas le nom de Dieu sur nos agendas.

Je dois confesser que dans ma propre vie, j'ai profané le nom de Dieu. J'ai été différent de Dieu tout en portant son nom lorsque mes réponses étaient impolies, lorsque mes priorités étaient faussées, lorsque mes dépenses reflétaient plus de matérialisme que de générosité, lorsque mes paroles étaient trompeuses. Lorsque nos actions, nos paroles et nos actes profanent le Dieu que nous prétendons suivre, son nom n'est pas sanctifié en nous ou parmi nous. C'est pourquoi nous prions « que ton nom soit sanctifié ». C'est une demande qui requiert la grâce sanctifiante de Dieu. C'est une demande de sainteté qui reflète Jésus.

Notre soif de sainteté en tant qu'humains n'est satisfaite que dans une relation intime avec celui qui seul est saint. La sainteté de Dieu est une catégorie à part, unique en son genre. Le nom de Dieu n'a pas d'égal. Seul Dieu est essentiellement saint. Dieu est la seule source de sainteté. Tout ce qui participe à Dieu est saint, et tout ce qui n'y participe pas ne l'est pas. Ainsi, lorsque Jésus nous montre comment prier et nous demande de commencer par sanctifier le nom de Dieu, il nous conduit en présence du Dieu saint, évoquant ce Dieu dans notre vie et le faisant peser de tout son poids sur tout ce que nous sommes et sur tout ce que nous faisons. Le nom de Dieu sera soit sanctifié, soit profané par notre façon de vivre.

Un étudiant d'Université fréquentait des amis impliqués dans des activités peu recommandables.

L'immoralité de leurs actes était irréfutable. C'était tout simplement mal. Plutôt que de faire le mal, cet étudiant a simplement quitté les lieux. Le reste du groupe est resté et, par la suite, des personnes ont été blessées, des noms ont été salis et les conséquences ont été graves. Pourquoi cet élève s'est-il exclu du groupe ? Pourquoi s'est-il éloigné ? Qu'est-ce qui l'a poussé à aller à contre-courant des actes que ses amis posaient ? « C'est simple ! », explique-t-il. « Mes grands-parents étaient des saints. Ils m'aimaient et étaient fiers de moi. Ils ont fait des sacrifices pour que je puisse fréquenter une université chrétienne. » Puis il a ajouté une chose intéressante : « Je ne voulais pas détruire leur nom. Je les aime trop pour cela. » Nous sommes la représentation vivante des noms que nous portons.

En tant que président d'une Université, je suis l'incarnation vivante de la marque de cette Université, que je le veuille ou non. Les groupes de relations publiques de notre Université, les équipes sportives, les équipes de mission d'été, les professeurs et, oui, même nos étudiants, tous portent le nom et deviennent la marque de l'Université. Les gens tirent des conclusions sur notre école en fonction de ce qu'ils voient en nous. C'est pourquoi j'aimais tant Kyle. Ses notes à l'école auraient pu lui permettre d'entrer dans presque n'importe quelle Université. Il était doué pour les mathématiques et les sciences.

Malheureusement, Kyle luttait aussi contre une maladie qui se traduisait par des tumeurs cérébrales. Il recevait une chimiothérapie le matin et se présentait en classe plus tard dans l'après-midi. Kyle avait les meilleurs amis, le meilleur sens de l'humour, la foi la plus robuste et la résilience la plus courageuse. J'ai eu le privilège d'assister à ses funérailles à Raleigh, en Caroline du Nord. Il n'a pas pu terminer ses études et obtenir son diplôme, mais nous avons remis à ses parents son diplôme — il avait obtenu un niveau élevé en caractère et en courage. Je choisirais Kyle n'importe quand pour être la marque vivante de notre Université. Il a sanctifié le nom de Dieu. Dieu a été magnifié dans sa vie.

Mais Dieu ne choisit pas quelques robustes parmi nous pour être les porteurs de son nom. Tous les enfants de Dieu sont la marque vivante — ce qui me fait parfois regarder vers le ciel et dire : « À quoi pensais-tu ? » Confier le nom de Dieu à des personnes comme nous est un risque énorme. Il devrait peut-être y avoir des avocats spécialisés dans le marquage divin qui se promènent à la recherche de ceux qui utilisent ce nom à mauvais escient, qui nous traînent devant les tribunaux et qui prononcent des jugements. Notre Dieu se rend-il compte de ce qu'il fait en nous permettant d'être marqués de son nom lors du baptême, en nous disant de demander des choses en son nom et en nous donnant son nom comme étiquette pour nos actes ? Beaucoup d'autres dieux ont des images visibles faites à leur ressemblance — de petites répliques ou des statues. Ces images sont inanimées et ne peuvent donc pas dénaturer les dieux dont elles portent l'image. Notre Dieu sanctifie son nom en nous le donnant, en *nous* faisant à sa ressemblance et à son image. Nous sommes le peuple de Jésus, le corps du Christ, la ressemblance de Dieu. Et nous prions pour que, lorsque les gens nous voient, ils voient Dieu présent en nous et avec nous.

Nous sommes la marque vivante. Et cela compte pour Dieu.

JOURNAL ET RÉFLEXION

Faites une pause pour réfléchir à ce que vous avez lu. Qu'avez-vous entendu ? Reformulez-le en vos propres termes. Appropriez-vous-en. Qu'est-ce que Dieu met en exergue dans ce chapitre pour que vous y réfléchissiez davantage ? Qu'est-ce que Dieu vous dit ?

_____

_____

_____

_____

_____

_____

_____

_____

_____

_____

_____

_____

_____

PRIÈRE

Comment votre vie reflète-t-elle fidèlement Jésus aux yeux du monde ? Si vos amis tirent leurs conclusions sur la nature de Dieu en se basant sur votre vie, quel genre de Dieu voient-ils ? De quoi avez-vous besoin de la part de Dieu pour vous assurer que vous sanctifiez son nom ?

DISCUSSION

1. Comment avez-vous compris ce que signifie ne pas utiliser le nom du Seigneur pour tromper ?

2. Comment la grâce sanctifiante peut-elle nous permettre de représenter fidèlement le Christ ?

3. On dit souvent que le monde aime Jésus, mais déteste les chrétiens. Pourquoi y a-t-il un tel fossé entre le Christ et ses disciples ? Comment la grâce sanctifiante pourrait-elle combler ce fossé ?

4. Comment devrait-on réagir lorsque nous constatons que l'utilisation du nom de Dieu constitue une violation de la marque ?

5. Comment et pourquoi est-ce une bonne nouvelle que Dieu partage son nom avec nous ?

NOTES

SEMAINE 2

L'AVÈNEMENT DE SON RÈGNE

En classe de troisième, mon ami Jim et moi avons fait un reportage sur les ovnis. On a rassemblé des photos, lu des témoignages de personnes qui les avaient vues, et on s'est même penchés sur les récits de personnes qui prétendaient avoir été enlevées. On a entendu parler d'un habitant de la région qui prétendait avoir été enlevé et interrogé par des extraterrestres. On s'est rendus chez lui et sommes restés assis dans son humble salon pendant près d'une heure, tandis qu'il nous racontait son histoire. Alors qu'on s'apprêtait à partir, il a baissé le ton, nous a fixés et a chuchoté, comme s'il craignait d'être entendu : « Les garçons, vous ne les voyez peut-être pas, mais ils sont là ».

De même, le concept de WiFi m'intéresse. Il peut être présent dans une pièce ou un espace, mais ce n'est pas en regardant le plafond ou sous les chaises qu'on le saura. Il est parmi nous, à notre insu. Ce n'est que lorsqu'on y accède et l'utilise que nous le savons. Il peut être puissamment présent sans qu'on en soit conscient, et ça n'annule pas pour autant ce fait.

Un jour de Noël, j'ai regardé une vidéo d'une foule éclair chantant Alleluia du Messie dans l'aire de restauration d'un centre commercial. La fois d'après où j'ai fait des achats dans le centre commercial et que je suis passée devant l'aire de restauration, je me suis demandée s'il n'y avait pas une chorale parmi nous, prête à éclater en chansons à tout moment. Ils pourraient être juste devant moi sans que je le sache.

Je suis fascinée par ces réalités dont nous pouvons être inconscients et qui existent pourtant dans l'espace même qu'on occupe. Les ovnis, le WiFi et les foules éclair. Ils peuvent être présents, mais ne pas être connus ou reconnus. J'ai été confronté à une telle réalité en 1972, alors que j'étais en deuxième année d'Université, lorsque l'orateur de la chapelle, Stanley Jones, a parlé du royaume de Dieu. Plus de cinquante ans plus tard, je suis toujours captivé par ce qu'il a dit.

Que savez-vous du royaume de Dieu ? En lisant les Évangiles, nous découvrons que le royaume de Dieu est le message principal de Jésus. L'histoire du royaume selon le récit de Marc commence par ces mots : après l'arrestation de Jean, Jésus vint en Galilée, proclamant la bonne nouvelle de Dieu et disant : « Le temps est accompli. Le royaume de Dieu est proche. Changez et croyez à l'Evangile. » (1.14-15). Jésus parle du royaume de Dieu plus que de tout autre sujet.

Si je vous demandais : « Qu'est-ce que le royaume de Dieu ? », que répondriez-vous ? Certains disent que c'est l'endroit où nous irons après notre mort. Certains disent que c'est le lieu ultime de sécurité et de refuge, où nous nous échapperons. Certains disent que c'est l'église, où les gens servent Dieu. D'autres disent que c'est ce qu'un parti politique apportera à la terre si nous lui donnons suffisamment d'argent et de votes. D'autres encore soutiennent que c'est l'avenir qui s'ouvrira à nous lorsque Jésus reviendra. Et vous, que dites-vous ?

Je dis que c'est un peu comme les ovnis, le WiFi et la foule éclair dans un centre commercial. Le royaume de Dieu est une dimension présent, une réalité, une sphère, un environnement qui est rempli de la présence véritable de Dieu. Je veux m'assurer que nous comprenons bien la géographie. On n'est pas *ici en bas* et le royaume de Dieu loin, très loin *là-haut*, au-delà de la dernière étoile que nous pouvons voir dans un endroit que les vaisseaux

Le règne de Dieu est un domaine présent, une réalité, une sphère, un environnement qui est rempli de la présence incontestée de Dieu.

spatiaux ne peuvent pas atteindre. On est *ici*. Le royaume est également *ici* qu'on le sache ou non. Il n'est pas quelque part au-delà des nuages, mais aussi proche que notre souffle. Il n'est pas toujours visible, mais il fait parfois irruption dans le domaine visible pour faire une différence spectaculaire. Le royaume de Dieu est venu parmi nous en la personne de Jésus-Christ. Il est là, et le royaume est là en lui.

Lorsque les disciples ont demandé à Jésus de leur apprendre à prier, il leur a montré qu'une prière appropriée devait, entre autres, sanctifier le nom de Dieu, prier pour que le royaume de Dieu vienne et demander que la volonté de Dieu soit faite. Ces trois lignes ont une signification parallèle. « Le nom de Dieu est sanctifié » équivaut à « le règne de Dieu arrive » = « la volonté de Dieu est faite ». Ce sont trois manières différentes de parler de la réalité de la grâce sanctifiante dans nos vies.

Jésus a dit bien d'autres choses sur le royaume de Dieu :
En voici un aperçu.
Il viendra en plénitude, mais il est aussi déjà là.
Repentez-vous et entrez dans le royaume.
Cherchez-le d'abord et Dieu pourvoira à tous vos besoins.
Elle appartient aux doux, aux pauvres et aux persécutés.
Elle commence par être petite et insignifiante comme une graine de moutarde.
Il est comme une perle de grand prix ou un trésor caché dans un champ.
Des personnes qui pensaient ne jamais pouvoir entrer sont sur la liste d'invitation.

Parfois, d'humbles pécheurs sont beaucoup plus proches de l'entrée que des chrétiens du dimanche tirés à quatre épingles.

Les vieilles outres ne peuvent pas le contenir parce que, comme le vin nouveau, il est expansif.

Il est semblable à un homme riche qui a donné son argent à des serviteurs et a quitté la ville, s'attendant à ce qu'ils le fassent fructifier.

Il est semblable à une fête à laquelle des personnes de mauvaise vie sont invitées.

Lorsque les malades sont guéris, le royaume est là.

Quand Satan est chassé, le royaume est là.

Lorsque les gens s'occupent des pauvres, des prisonniers et des nécessiteux et voient Jésus, le royaume est là.

Que le monde dans lequel nous vivons soit rétabli par la venue du royaume est une prière risquée que nous faisons. La prière la plus bouleversante, la plus radicale, la plus dangereuse, la plus conséquente que nous puissions faire est : « Que ton règne vienne, que ta volonté soit faite sur la terre comme au ciel ». Bien sûr, on peut dire ces mots sans les penser, et il ne se passe pas grand-chose, si ce n'est que nous nous habituons à prier des choses que nous ne pensons pas. C'est pourquoi il est courant que les liturgies qui nous invitent à réciter le Notre Père disent : « Ayons l'audace de prier... ». Soyons audacieux ? Avez-vous déjà pensé qu'il vous fallait de l'audace pour prier pour que le règne vienne ? En effet, il ne s'agit pas d'une prière dite par les timides. C'est une prière pour renverser les puissances qui gouvernent le monde. C'est une prière qui dérange. Elle recherche un bouleversement plus radical que les groupes terroristes organisés. Elle exige plus

Nous existons pour recevoir
et vivre le règne de Dieu
de manière palpable.

de dévotion que les cultes, les partis politiques ou même la saison de football. Cette prière demande à Dieu de rendre sa domination tangible partout et de toutes les manières, afin que cette terre devienne le lieu où s'accomplit la volonté de Dieu. Nous invitons un tigre à sortir de sa cage. Et ce tigre n'est pas apprivoisé.

Vous êtes-vous déjà demandé à quoi ressemblerait le monde si nous priions « Que ton règne vienne » et si Dieu disait : « *D'accord, j'enlève la barrière et je laisse le règne venir dans toute sa plénitude.* » À quoi cela ressemblerait-il ? À mon avis, les richesses seraient redistribuées et la plupart d'entre nous en auraient moins. L'armée ne serait plus nécessaire. Les armes deviendraient des outils agricoles. Washington, DC, ne serait plus le siège du pouvoir. Les doux hériteraient de la terre. La planète serait restaurée et sauvée de notre pollution. Les plus faibles d'entre nous seraient responsabilisés. Les orgueilleux et les arrogants tomberaient. La vérité serait prêchée partout. Le pouvoir serait utilisé pour servir le prochain. La justice serait rendue. Les soins de santé seraient administrés à l'échelle mondiale et les affamés seraient nourris. L'éducation ne serait pas réservée à une certaine classe, mais à tous. L'autonomie cesserait et Dieu serait le seul souverain. Le royaume de Dieu est ancré dans tout ce que nous touchons : le tissu humain, la théorie économique, la philosophie politique, les relations interpersonnelles, le pouvoir, le travail, le jeu, le divertissement, la musique, la pensée, l'athlétisme et la santé. La règle de Dieu est sans exception.

Comment le règne vient-il sur terre ? De la même manière que le règne de Dieu est venu en Jésus — dans un corps. Ce fut d'abord le corps de Jésus de Nazareth, puis le corps du Christ ressuscité, et enfin le corps du Christ rempli de l'Esprit saint — l'Église. On existe pour recevoir et vivre le règne de Dieu de manière palpable. Lorsqu'on accomplit la volonté de Dieu sur terre, le règne a fait irruption dans la réalité de la chair et du sang.

Ce qui rend le règne si radical, c'est que son avènement marque la fin du nôtre. C'est la fin de l'autonomie. Dieu n'est pas venu pour faire de bonnes suggestions ou pour défendre un programme. Il est venu pour régner. Je suis étonné par les personnages de la Bible qui savaient à quel point Jésus était dangereux — le Sanhédrin, Hérode, Ponce Pilate, César et Satan. Ils savaient que le règne de Dieu marquait la fin du leur. Ils ne voulaient pas tuer Jésus parce qu'ils n'étaient pas d'accord avec ses idées — ils voulaient le tuer parce qu'il était venu pour mettre fin à leur règne. Nous rendons-nous compte que l'effet de la grâce sanctifiante est la fin de notre autonomie ?

Barbara Brown Taylor raconte l'histoire d'une tortue caouanne. La tortue est passée de l'océan à la plage pour pondre ses œufs dans un nid de sable. Après avoir observé la tortue pendant un certain temps, Taylor est partie afin de ne pas la déranger. Le lendemain, elle remarque que les traces de la tortue ne mènent pas vers l'océan, mais dans les dunes brûlantes. Lorsqu'elle a suivi les traces, elle a trouvé la tortue épuisée et presque rôti. Elle a trouvé un garde forestier avec une Jeep et l'a regardé aller à la rescousse de la tortue. Elle écrit :

> J'ai regardé avec horreur le garde forestier partir au secours de la tortue, Sous mes yeux horrifiés, il l'a retournée sur le dos, a enroulé des chaînes pour pneus autour de ses pattes avant et a accroché les chaînes à

l'attelage de sa Jeep. Puis il est parti, tirant son corps vers l'avant si vite que sa bouche ouverte s'est emplie de sable et a ensuite disparu sous elle, tandis que son cou s'est tellement plié que j'ai craint qu'il ne se brise. Le garde forestier l'a hissée au-dessus des dunes et sur la plage ; j'ai suivi le chemin que la proue de sa coquille avait tracé dans le sable. Au bord de l'océan, il l'a décrochée et l'a remise à l'endroit. Elle est restée immobile dans le ressac, l'eau clapotant sur son corps, lavant le sable de ses yeux et redonnant de l'éclat à sa peau. Puis une vague particulièrement grosse a déferlé sur elle, et elle a légèrement relevé la tête, en bougeant ses pattes arrière. Pendant que je la regardais, elle a repris vie. Chaque nouvelle vague lui redonnait vie, jusqu'à ce que l'une d'elles la rende assez légère pour trouver un point d'appui et repartir dans l'eau qui était sa maison. En la regardant s'éloigner lentement à la nage et en me souvenant de son cauchemar à travers les dunes, j'ai remarqué qu'il est parfois difficile de savoir si vous êtes tué ou sauvé par les mains qui bouleversent votre vie.[1]

Prier pour que le royaume de Dieu vienne, c'est inviter la grâce sanctifiante sur le trône de notre être. C'est dire : « Seigneur, mets ma vie sens dessus dessous. Accroche ton Jeep à la coquille de ma vie, tire-moi là où tu veux aller, implique-moi dans ton travail et ressuscite-moi pour la vie que tu as voulue ». Il s'agit de se livrer entre les mains

---

1. Barbara Brown Taylor, "Preaching the Terrors," *Leadership Journal* (Spring 1992), 45, https://www.christianitytoday.com/pastors/1992/spring/92l2042.html.

de Dieu, d'aller avec Dieu, d'abandonner le contrôle à Dieu, de céder à Dieu. Un jour, le règne viendra dans sa plénitude. Mais cela ne veut pas dire qu'il n'est pas déjà là.

LA GRÂCE SANCTIFIANTE

JOURNAL ET RÉFLEXION

Faites une pause pour réfléchir à ce que vous avez lu. Qu'avez-vous entendu ? Reformulez-le en vos propres termes. Appropriez-vous-en. Qu'est-ce que Dieu met en exergue dans ce chapitre pour que vous y réfléchissiez davantage ? Qu'est-ce que Dieu vous dit ?

_____

_____

_____

_____

_____

_____

_____

_____

_____

_____

_____

_____

_____

PRIÈRE

Dites le Notre Père, une phrase à la fois, en vous arrêtant pour formuler chaque demande avec vos propres mots.

DISCUSSION

1. Comment avez-vous défini le règne de Dieu ?

2. Des trois phrases parallèles (que le nom de Dieu soit sanctifié, que le règne de Dieu vienne, que la volonté de Dieu soit faite), laquelle vous permet le mieux de comprendre l'impact de la grâce sanctifiante ?

3. Où avez-vous vu le règne de Dieu se manifester de manière visible ?

4. En quoi l'histoire de la tortue caouanne est-elle semblable à la vôtre ?

5. En quoi la grâce sanctifiante est-elle comparable au fait d'être « sauvé par des mains qui mettent votre vie sens dessus dessous » ?

SEMAINE 3

SANCTIFICATION DE GROUPE

Vous êtes-vous déjà senti étranger dans le monde ? Si on est éloignés de nos familles et amis de formation et entourés d'influences culturelles, c'est facile d'oublier qui on est. Dans notre quête d'appartenance, nous pouvons chercher une identité parmi la majorité, parmi la masse de l'humanité aux opinions divergentes. Ce peut être inconfortable d'être différent. Rares sont ceux qui se réjouissent d'être des étrangers. Lorsque l'obéissance à Dieu nous place carrément dans le collimateur d'une culture dominante, nous risquons d'attirer une attention non voulue.

La lettre 1 Pierre est écrite à l'intention des personnes qui ont ce sentiment. Dans les premiers versets, l'auteur leur rappelle magistralement leur identité. Ils sont la maison élue de Dieu, des enfants obéissants, une famille avec un nouveau Père, des frères et sœurs adoptés, des nouveau-nés et des pierres vivantes qui sont assemblées en une maison spirituelle. Tout cela dans un but sacré. Autrefois, ils n'étaient pas un peuple, et maintenant ils *sont* un peuple. Ils sont une race élue, un sacerdoce royal, une nation sainte. Ils sont le peuple de Dieu. Pierre semble aller trop loin dans le rappel de leur identité. Même en tant qu'étrangers dans le monde, nous ne faisons pas défaut lorsqu'on sait qui on est et qu'on l'assume : « Comme des enfants obéissants, ne vous laissez plus diriger par les passions qui vous gouvernaient autrefois, au temps de votre ignorance. Au contraire, tout comme celui qui vous a appelés est saint, soyez saints dans tout votre comportement. Car voici ce que Dieu dit dans l'Ecriture : Soyez saints, car je suis saint. » (1.14-16). Cet appel à la sainteté est tiré du code de sainteté sacerdotale que l'on trouve dans Lévitique 17-26. L'auditoire de 1 Pierre

L'appel à la sainteté n'a pas changé.

entendra en 2.5 et à nouveau en 2.9 qu'il est en train d'être édifié en un sacerdoce saint et royal. Il est clair que l'entreprise familiale est une entreprise sacerdotale. Leur vocation est la sainteté. Nous voyons des signes d'un langage à la fois sacerdotal et familial tout au long du texte.

Le code de sainteté du Lévitique a été donné à Aaron et à ses fils et, à travers eux, à tout le peuple d'Israël. Dieu créait une famille de prêtres qui le serviraient en transmettant sa grâce à tous les peuples de la terre. Israël est choisi dans un but précis. L'élection divine n'est pas un acte de favoritisme, mais une sélection pour une mission. Il n'y avait rien en Israël qui méritait d'être choisi. Ils étaient en train de devenir le temple saint de Dieu.

Lorsque l'auteur de 1 Pierre s'adresse ainsi aux exilés, il les relie à la mission d'Israël et de Jésus. Il ne s'agit pas de rétablir le temple juif et le système sacrificiel. Il s'agit de la poursuite de la rédemption de Dieu à travers le corps de Jésus, l'Église. Comme les prêtres israélites, ils mènent une existence éthique dans la continuité de ce que Dieu a toujours exigé. L'appel à la sainteté n'a pas changé. C'est toujours l'affaire de la famille.

Lorsque nous parlons de sainteté, certains esprits imaginent immédiatement un système légaliste de frontières strictes et binaires entre le pur et l'impur, le sacré et le profane. De tels systèmes ont tendance à être connus pour leurs pratiques d'exclusion plutôt que pour leur inclusion radicale. En fait, Jésus s'est attaqué à des systèmes de ce type. Un rapide survol des chapitres 1 à 3 de l'Évangile de Marc montre que Jésus a violé presque toutes les lois de pureté existantes. Guérir le jour du sabbat, toucher les lépreux et manger avec les gentils ne sont que quelques-unes des infractions commises par le Fils de Dieu. Le type de sainteté que Pierre invite à développer ne consiste pas en la création d'un système d'accès exclusif à Dieu par la performance. Il s'agit d'un comportement qui reflète le caractère même de Dieu — aimant et miséricordieux. Il est tout à fait approprié que cette section se termine par le rappel suivant : « Vous qui n'aviez pas obtenu compassion, vous avez désormais obtenu compassion. » (2.10b). L'appartenance à la maison de Dieu n'est pas une question de privilèges mérités, de tactiques d'exclusion ou de patrouille de pureté. Il s'agit d'être saint comme Dieu est saint.

L'un des principaux échecs de tout système de pureté est l'individualisme. Lorsque la pureté est basée sur la performance individuelle, l'appartenance devient un sport solo. Mais le désir de Dieu est de créer un *peuple*. Aucun des termes utilisés dans ce texte ne se réfère à des individus seuls. Le terme « enfants » implique la famille. Le mot « père » implique les enfants. S'aimer profondément du fond du cœur exige qu'il y ait un *autre* à aimer. Une maison spirituelle nécessite de nombreuses pierres vivantes, sinon nous ne sommes qu'un tas de pierres. Un sacerdoce saint est une famille engagée de serviteurs sanctifiés. Une race élue est une *multitude* de personnes. Ces termes décrivant la maison de Dieu sont tous au pluriel. Les pratiques de pureté et l'appel à la sainteté consistent à s'unir aux autres. Pierre écrit sur la formation d'une famille sainte. Ils sauront que nous sommes chrétiens par l'amour que nous avons les uns pour les autres.

Certains commentateurs ont suggéré que 1 Pierre pourrait être un catéchisme baptismal et que Pierre

Une maison spirituelle
a besoin de beaucoup
de pierres vivantes,
sinon nous ne sommes
qu'un tas de pierres.

écrit une lettre d'instruction à ceux qui sont baptisés, expliquant leur naissance dans la maison de Dieu. Ils ont été choisis par Dieu, appelés à participer à sa sainteté, rachetés de l'esclavage par le sang précieux du Christ, dotés d'un nouveau père, purifiés afin d'aimer leurs frères et sœurs, nourris de lait spirituel afin de grandir jusqu'à la maturité, édifiés dans la maison de Dieu comme des pierres vivantes assemblées par un maître maçon, et ordonnés à un saint sacerdoce, afin de représenter Dieu. La nature collective de ce salut est indubitable. C'est bien plus qu'une formation personnelle. Il s'agit d'une formation *communitaire*. Dieu donne naissance à un *peuple*.

JOURNAL ET RÉFLEXION

Faites une pause pour réfléchir à ce que vous avez lu. Qu'avez-vous entendu ? Reformulez-le en vos propres termes. Appropriez-vous-en. Qu'est-ce que Dieu met en exergue dans ce chapitre pour que vous y réfléchissiez davantage ? Qu'est-ce que Dieu vous dit ?

_____

_____

_____

_____

_____

_____

_____

_____

_____

_____

_____

_____

_____

SANCTIFICATION DE GROUPE

PRIÈRE

Examinez les différentes étiquettes d'identification du peuple de Dieu dans 1 Pierre. Prenez quelques minutes avec chacun d'entre eux et exprimez votre dévotion à Dieu dans l'accomplissement de ce titre. Par exemple, qu'est-ce que cela signifie pour vous d'être une pierre vivante que l'on façonne avec d'autres croyants pour en faire le temple de Dieu ?

DISCUSSION

1. Lorsque quelqu'un dit « sainteté », quelle image vous vient à l'esprit ?

2. Pierre relie l'identité au comportement. Nous nous comportons en fonction de l'idée que nous nous faisons de notre identité. Quel est le poids de notre identité dans notre comportement instinctif ?

3. De tous les identificateurs familiaux utilisés dans ce texte, quel est celui qui vous conforte le plus ?

4. En quoi la sanctification est-elle un processus de group ?

LA GRÂCE SANCTIFIANTE

NOTES

NOTES

SEMAINE 4

L'ESPRIT QUI SANCTIFIE

Selon le récit de Genèse 2, les humains ont été créés lorsque Dieu s'est penché sur nos corps formés de poussière et a insufflé le souffle de vie en nous (verset 7). Ce souffle divin—*ruach* en hébreu—est également traduit par « vent » ou « esprit ». Lorsque cela s'est produit, nous sommes devenus un être vivant—ou, en hébreu, *nephesh*. La racine de ce mot intéressant est « gorge »—le passage de notre être intérieur vers l'extérieur. Nous sommes des créatures dotées d'une ouverture sur l'extérieur, par laquelle passe tout ce qui est nécessaire à notre vie : l'eau, la nourriture, le souffle. Nous ne sommes pas des êtres autonomes et autosuffisants. Nous avons un trou au milieu de nous qui a besoin d'être comblé. Nous sommes un vide capable d'être rempli de Dieu, par Dieu.

Il n'est pas étonnant que la troisième personne de la Trinité soit connue sous le nom de Saint-Esprit, le *ruach* divin, le souffle de Dieu. De notre création dans la Genèse à la vallée des ossements desséchés dans Ézéchiel, en passant par le vent puissant de la Pentecôte dans les Actes des Apôtres, le mouvement de Dieu est représenté comme un vent, un souffle ou un Esprit divin pénétrant et vivifiant les êtres humains. Lorsque nous sommes remplis de l'Esprit, toutes sortes de choses se produisent. Dans l'Ancien Testament, l'Esprit est venu sur les prophètes et ils ont fait des choses étranges : ils se sont rasé la tête, ont prêché nus, ont fait cuire leur nourriture sur du fumier, se sont mariés avec des prostituées, ont mangé des parchemins et ont caché leurs sous-vêtements sous des rochers au bord de la rivière. Pour nous aujourd'hui, la preuve de la plénitude de l'Esprit est la ressemblance avec Jésus. Lorsque Dieu nous remplit de la grâce divine, nous sommes réformés à l'image et à la ressemblance de Jésus.

Lorsque nous lisons sur Jésus, il est évident qu'il est le vent qui fait tomber les étiquettes et vide les cases de catégorisation.

Le Saint-Esprit est l'Esprit du Seigneur ressuscité qui vit en nous. Ainsi, lorsque le monde aime Jésus, mais pas ses disciples, il y a un décalage qui devrait nous préoccuper profondément. Bien que nous disions vouloir ressembler à Jésus, je ne suis pas sûr que nous le voulions vraiment. Examinons les écrits de Luc dans l'Évangile de Luc et dans les Actes des Apôtres.

Dans l'Évangile de Luc, Jésus est celui qui est né de Marie et sur qui l'Esprit repose. Il est celui qui est baptisé par Jean et sur lequel l'Esprit descend. Il est celui qui a été mis à l'épreuve par Satan dans le désert et que l'Esprit a rendu capable d'agir. Jésus est un vent puissant, soufflé par Dieu, qui se déplace parmi nous. Et son travail est appelé 'bonne nouvelle'. Mais il apparaît rapidement que Jésus est aussi culturellement perturbateur pour les gens de pouvoir et les privilégiés. Les étiquettes identitaires de l'époque de Luc séparent les gens en groupes qui vivent Jésus différemment. Les étiquettes sont omniprésentes dans l'Évangile : prostituée, Pharisien, paralytique, porcher, sadducéen, pécheur, soldat, membre du Sanhédrin, contrevenant au sabbat, collecteur d'impôts, lépreux, gentil, ami des pécheurs. Nous faisons de même aujourd'hui. En plus des étiquettes, nous créons également des boîtes dans lesquelles nous rangeons les personnes étiquetées : bon/mauvais, propre/malpropre, pour/contre. Pourtant, lorsque nous lisons sur Jésus, il est évident qu'il est le vent qui chasse les étiquettes et vide les boîtes de catégorisation. Voulons-nous *vraiment* ressembler à ce Jésus ?

Faisons un petit tour d'horizon. Dans Luc 4, Jésus se rend dans sa ville natale et lit dans le livre d'Ésaïe que l'Esprit du Seigneur est sur lui. Lorsque les gens attendent une preuve sous la forme d'un miracle, Jésus leur rappelle les histoires tirées de leurs propres écritures, dans 1 et 2 Rois, où la faveur de Dieu tombe sur une veuve païenne et un soldat ennemi. Ils l'escortent jusqu'au bord d'une falaise pour tuer celui dont la plénitude de l'Esprit sert les gens mal étiquetés et mal embouchés, mais, bien sûr, ils n'y parviennent pas (pour l'instant). Au lieu de cela, Jésus continue d'aider ceux qui portent la « mauvaise » étiquette.

En Luc 4.35, il guérit un homme possédé par un démon. En 5.13, il touche un lépreux. En 7.10, il guérit l'esclave d'un soldat romain. En 7.14-15, il ressuscite un mort. En 7.38, il permet à une femme pécheresse d'oindre ses pieds. En 8.2, l'un des principaux disciples de Jésus est décrit comme ayant été possédé par sept démons. En 8.26, nous rencontrons le démoniaque de Gérasa, qui remplit presque toutes les conditions de mauvaise étiquette—. En 8.43, nous rencontrons la femme qui saigne, qui a touché Jésus et qui a été guérie au lieu d'être réprimandée. En 9.42, il guérit un garçon possédé par un démon. En 13.12, il guérit une femme handicapée le jour du sabbat. En 17.14, il guérit dix lépreux. En 18.42, il guérit un mendiant aveugle. En 19.2, nous rencontrons Zachée, le collecteur d'impôts, avec qui Jésus dîne. Dans l'Évangile de Luc, Jésus se dirige à plusieurs reprises et intentionnellement vers les personnes qui occupent les soi-disant mauvaises étiquettes et les mauvaises cases. C'est là que le vent de l'Esprit souffle sur Jésus. Permettez-moi donc de vous poser à nouveau la question : Sommes-nous sûrs de vouloir lui ressembler ?

À la fin de l'Évangile, Jésus ressuscité apparaît à ses disciples, « leur ouvr[e] l'intelligence pour qu'ils comprennent les Écritures » (24.45) et leur demande de

Notre unité ne réside pas dans des slogans mais dans une mission auprès des perdus.

rester là où ils sont « jusqu'à ce que vous soyez revêtus de la puissance d'en haut. » (verset 49). Jésus leur dit que le souffle de l'Esprit vient pour leur donner la force d'être des témoins du royaume de Dieu. Luc termine, mais l'histoire se poursuit dans les Actes, où le souffle de Dieu arrive comme un vent puissant et impétueux—un *ruach* ouragan. Il remplit la pièce et un feu sanctifiant est allumé sur leurs têtes, tout près de leurs cerveaux, purifiant la façon dont ils pensent à Dieu et aux autres. Ils sont tous remplis du Saint-Esprit et commencent à parler dans des langues qu'ils n'ont jamais apprises. Le vent de Dieu emmène leurs langues et leurs oreilles dans des endroits où ils n'auraient jamais rêvé d'aller en tant que témoins de Jésus. Le Saint-Esprit crée une unité qui bouleverse les cultures parmi les disciples de Jésus. Ce qui les unit, ce ne sont pas les étiquettes et les cases qu'ils ont en commun, mais leur mission commune auprès de personnes qui sont et seront très différentes d'eux. Le ciment de l'Église est notre mission auprès de ceux que nous pourrions étiqueter, juger, condamner et éviter si nous n'avions pas le vent dans la gorge et le feu purificateur sur la tête.

L'Esprit qui sanctifie est plus qu'une expérience qui nous rend plus gentils, plus généreux ou moins acariâtres. Il s'agit d'un mouvement de Dieu qui change notre façon de penser aux autres et qui nous place parmi eux en tant qu'ambassadeur de Jésus qui les aime. L'Esprit qui sanctifie crée un peuple qui va là où Jésus va et fait ce que Jésus fait. Notre unité ne se trouve pas dans les étiquettes, mais dans une mission auprès des perdus.

Les puissances obscures de notre monde nous enseignent à nous préoccuper avant tout de nos propres intérêts. Elles nous encouragent à étiqueter, à juger et à enfermer les humains. C'est la voie de la mort et de la division. Mais il y a une autre puissance à l'œuvre un vent qui souffle dans notre monde qui peut nous donner la force de nous aimer les uns les autres, de nous servir les uns les autres et de témoigner de Jésus. Cette puissance est l'Esprit qui sanctifie de Dieu.

JOURNAL ET RÉFLEXION

Faites une pause pour réfléchir à ce que vous avez lu. Qu'avez-vous entendu ? Reformulez-le en vos propres termes. Appropriez-vous-en. Qu'est-ce que Dieu met en exergue dans ce chapitre pour que vous y réfléchissiez davantage ? Qu'est-ce que Dieu vous dit ?

_____

_____

_____

_____

_____

_____

_____

_____

_____

_____

_____

_____

PRIÈRE

Imaginez-vous présent le jour de la Pentecôte. Conversez avec Dieu des événements de ce jour. Exprimez vos espoirs en tant que personne vivant au milieu d'un peuple rempli de l'Esprit.

DISCUSSION

1. Comment l'Église a-t-elle interprété l'idée d'être rempli de l'Esprit autrement qu'en étant restauré à la ressemblance de Jésus ? Quels problèmes cela a-t-il posés en ce qui concerne notre témoignage du Christ ?

2. Comment la grâce sanctifiante s'est-elle manifestée dans votre vie, que ce soit individuellement ou au sein de la communauté ?

3. Comment l'Esprit qui sanctifie vous donne-t-il le pouvoir d'aimer les personnes différentes de vous et de témoigner auprès d'elles ?

NOTES

NOTES

TABLE DES MATIÈRES

SEMAINE 1
Le nom sanctifié
3

SEMAINE 2
L'avènement de son règne
19

SEMAINE 3
Sanctification du groupe
35

SEMAINE 4
L'Esprit qui sanctifie
49

www.ingramcontent.com/pod-product-compliance
Lightning Source LLC
Chambersburg PA
CBHW020443090526
44586CB00045B/821